MERRY CHRISTMAS

THIS BOOK BELONGS TO:

_____

Thank you for purchasing this Christmas Activity Book! Investing in old-school, screen-free activities for your kids is always a wise choice.

Colouring and activity books stimulate kids' creativity, increase colour awareness, improve handwriting, and improve their motor skills. And last but not least, this book will provide hours of Christmas fun! Your kids will be busy with over 60 pages, solving different Christmas puzzles, and colouring Christmas-related pictures. But we didn't forget the parents either!

We all know how planning Christmas time can be joyful but at the same time overwhelming. That's why we prepared a small gift for you: a Christmas planner, which you can download for free, print on your home printer, and use for planning the perfect Christmas this year.

When you scan the code, it will lead you to a page to download the planner.

If you would consider rating our book on Amazon, it will be the best Christmas gift for our publishing team- these stars would mean the world to us!

Merry Christmas!

May this special time bring you joy and peace to you and your whole family!

1.Grab your phone

2.Scan a QR code

3.Download your gift

ISBN Paperback: 979-8759068-327

Cover: AdobeStock & Freepik

CHRISTMAS DECORATION

FIREPLACE

SPOT 10 DIFFERENCES

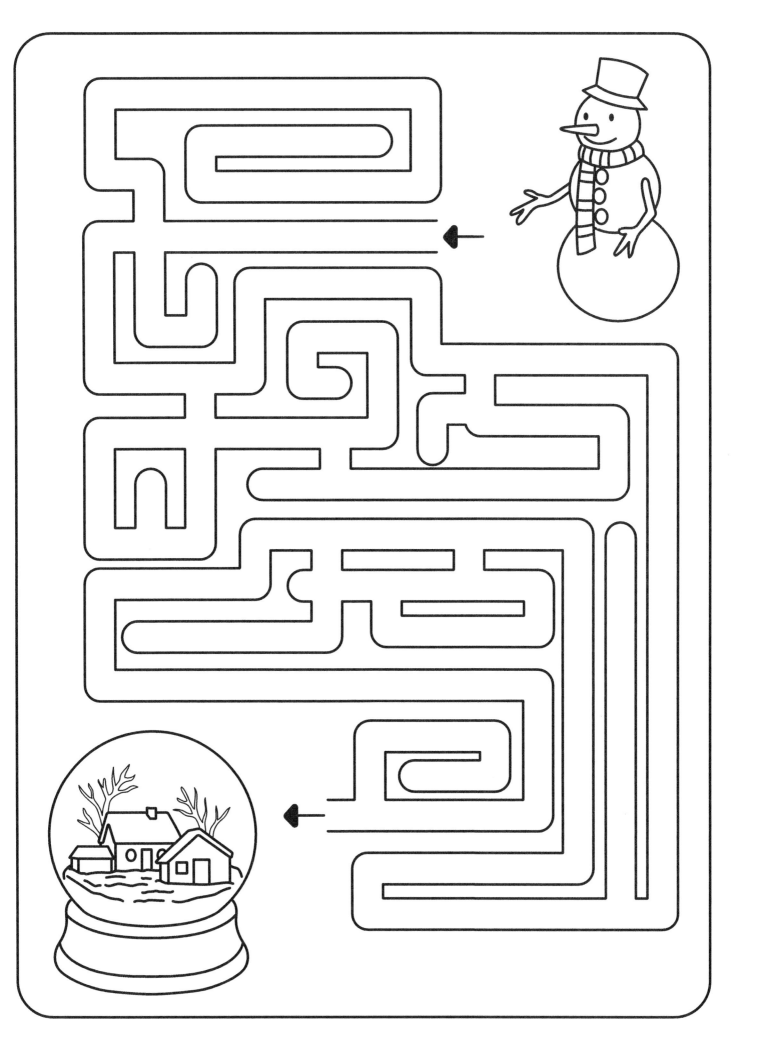

XMAS TREE

1. Green   2. Blue   3. White   4. Brown

5. Yellow   6. Orange   7. Violet   8. Red

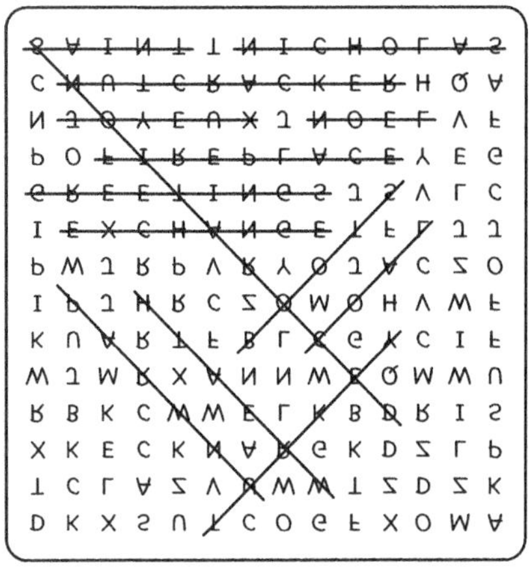

Word search puzzle (grid shown rotated 180°):

```
S A I N T N I C H O L A S
C N U T C R A C K E R H O A
N E O A E A X T H O E F A T
P O L I R E P L A C E Y E E
G R E E T I N G S L S A L C
I E X C H A N G E L T J T
P J U R B A K O J Y C Z O
I B J N R C Z Q W O H A M
K N A R J E B J K E K C I T
W J W B X M M N M E O W M U
R B K C A M M E L K B Q R S
X K E C K N A R E K D Z J J
T C Y Z T W M V Z A W M T D Z K
D K X S N J C O P L X O W A
```

```
D K X S U T C O G F X O M A
T C L A Z V U W W T Z D Z K
X K E C K N A R G K D Z L P
R B K C W W E L K B D R I S
W J M R X A N N W E Q M W U
K U A R T F B L C G Y C I F
I P J H R C Z O M O H V W F
P W J R P V R Y O J A C Z O
I E X C H A N G E T F L J J
G R E E T I N G S J S V L C
P O F I R E P L A C E Y E G
N J O Y E U X J N O E L V F
C N U T C R A C K E R H Q A
S A I N T T N I C H O L A S
```

BOOTS   COAL   DECORATIONS

EXCHANGE   FIREPLACE   GREETINGS

JOYEUX NOEL   NUTCRACKER   WREATH

TURKEY   UNWRAP   SAINT NICHOLAS

ELF

GINGERBREAD

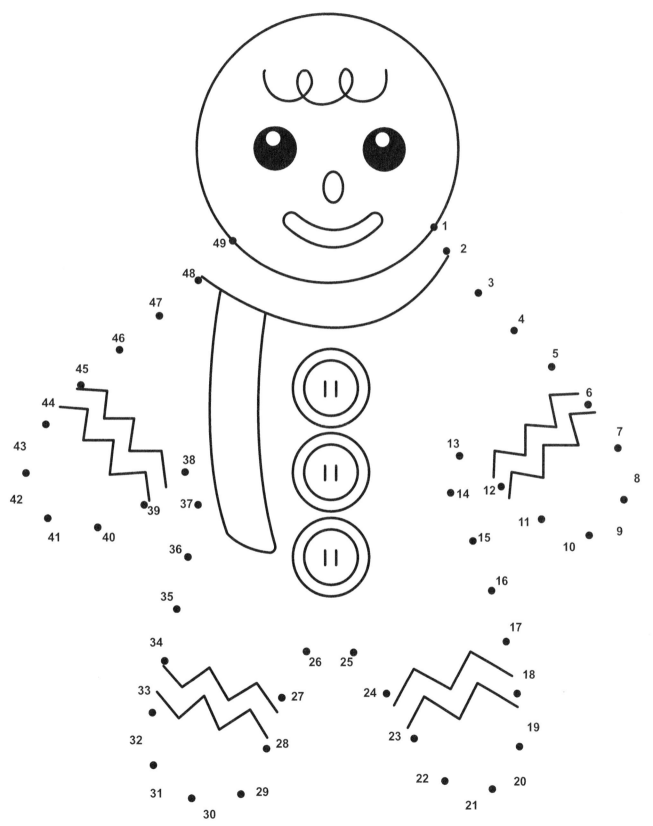

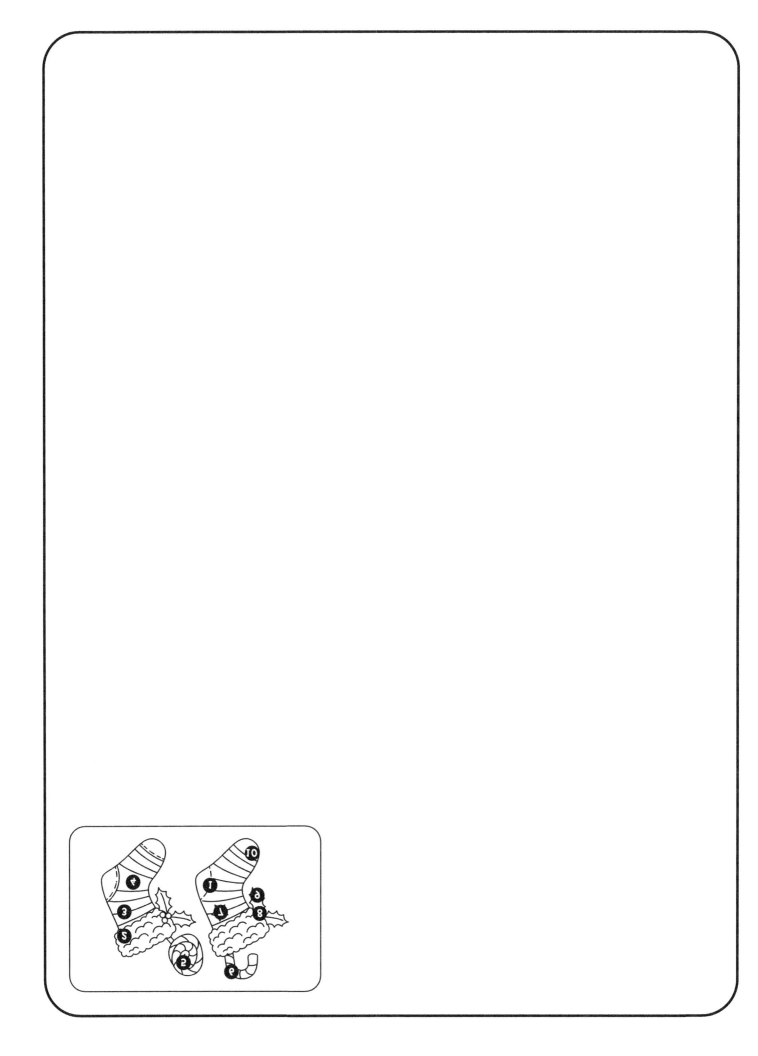

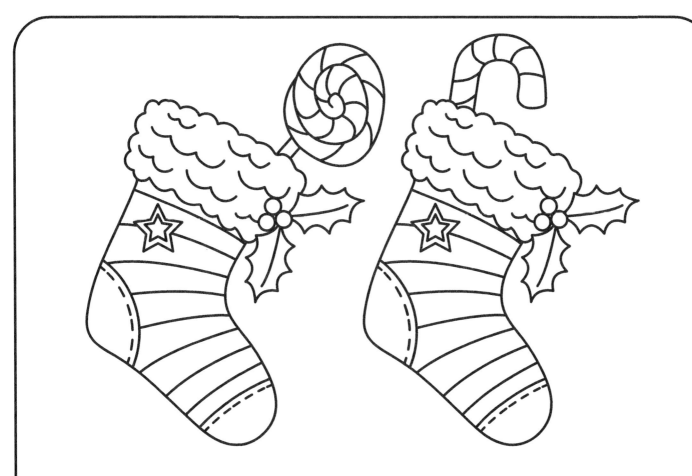

SPOT 10 DIFFERENCES

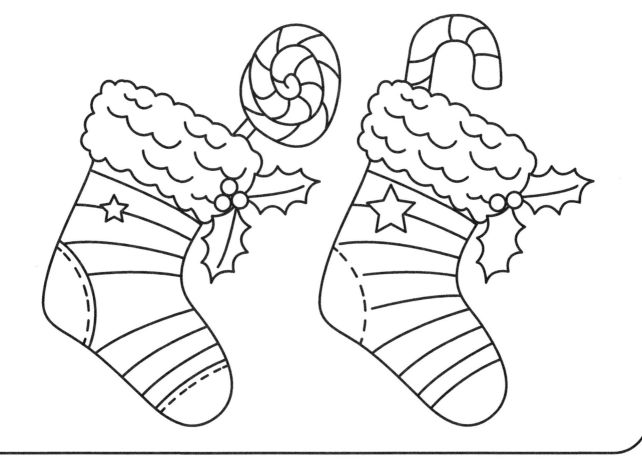

SNOWMAN

1. White   2. Black   3. Red   4. Orange
5. Blue   6. Brown   7. Green   8. Yellow

```
V W R T H J Y C C J A S B B
N X G E W A F W A S S A I L
M J Y J N V M E R R Y B R Y
V H U I R F V G O L D J T S
Z I K Q W E Y U L E H Q H F
Q S D S A A C E S K A T E X
Q S M L E S B E P O K S S J
A D U F Z T K Z I O C I P B
O B H N Z I X U N V R K X S
R N Q X Y Q G G E D E G S N
L B Z D V T U T C W X W P B
X J R J J X A E O H V V J Z
T U W L C Z M K N B C N V D
J N V I B L J N E V O J N E
```

BIRTH	CAROLS	EVE
FEAST	GOLD	MERRY
PINECONE	RECEIVE	SKATE
SOCKS	WASSAIL	YULE

XMAS TREE

CHRISTMAS PRESENT

SPOT 10 DIFFERENCES

CHRISTMAS ELF

1. Green   2. Blue   3. White   4. Brown

5. Yellow   6. Red   7. Pink   8. Black

```
R B W U L S C F Z C H J D R
I I Y W T Z D K B W I Q I I
N W P O R W V C K V I T W U
W U D U F N T T H X U Y L W
A P Z U X H E W I A P O P H
H Q A T N D O A L D R J N O
N E V Q L R S Q G F I I S J
L X U F K Y C P J J P N T B
R R F S P I R I T P O C G Y
J H H W I N T R Y W R R R S
V O Y D E C E M B E R A 2 5
P Z X T G W Q A C C V I P T
Z M S E P W L H U G L H C I
X V P D T L E C M V S L S G
```

CHARITY	CRECHE	DECEMBER 25
HUG	NIPPY	PIE
RITUAL	SNOWBALL	SPIRIT
TIDINGS	WINTRY	WORKSHOP

SNOWMAN

REINDEER

SPOT 10 DIFFERENCES

XMAS ELF

1. Green   2. Blue   3. White   4. Brown

5. Yellow   6. Red   7. Violet   8. Pink

```
Y D K Q N Q I A O T C P R E
A C J U X Q T E H P J A S J
A B D I K K F K I R B R I M
Z P I J H H B P C C N L F W
W L K J V P F L D S P F I I
P K C Z T Y N I C E S U K F
O E R H D P A G E A N T P Y
X B E A R H C H O L L Y D O
S R J Z M I S T L E T O E S
Y N O S X P S S W E A T E R
C Y I Q J P U T T Q X R M W
P E C I D E R S M A U E I J
Z Z E X M N Z A T A R E Q N
T Y F D B K W B P O S H L S
```

CHRISTMAS	CIDER	HOLLY
KRAMPUS	LIGHTS	MISTLETOE
NICE	PAGEANT	REJOICE
STAR	SWEATER	TREE

CHRISTMAS DEER

SNOWBALL

SPOT 10 DIFFERENCES

XMAS GIFTS

1. Red   2. Yellow   3. Violet

5. Orange   6. Green   7. Brown

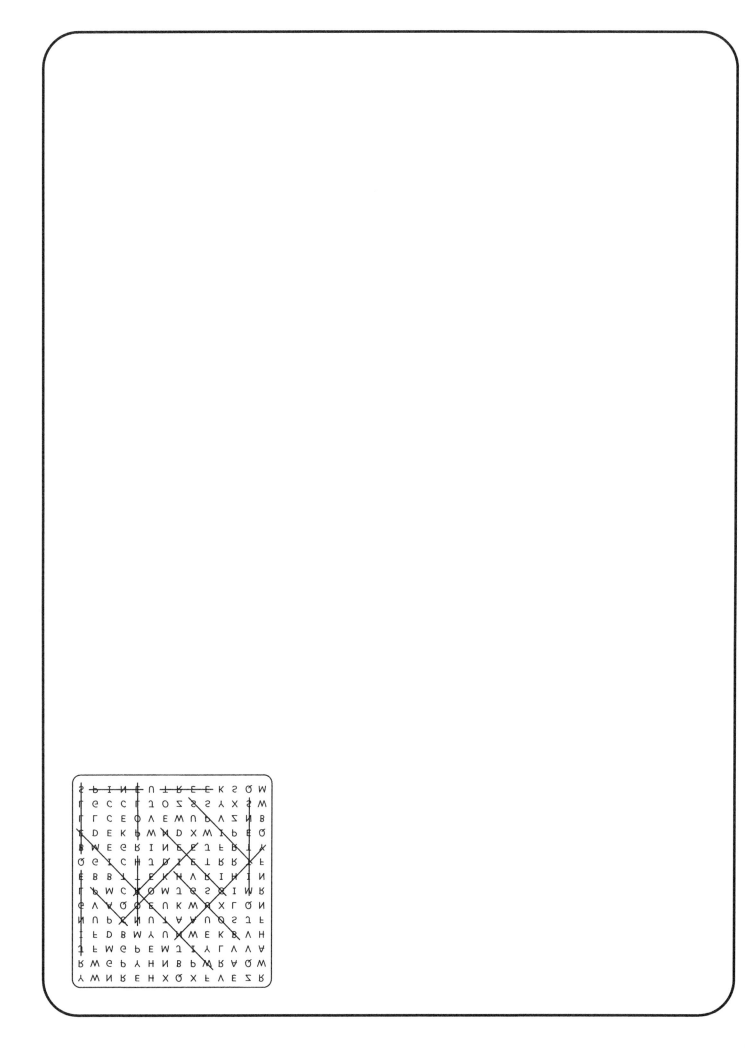

```
Y  W  N  R  E  H  X  Q  X  F  V  E  Z  R
R  W  G  P  Y  H  N  B  P  W  R  A  Q  W
J  F  M  G  P  E  M  J  I  Y  L  V  V  A
I  F  D  B  M  Y  U  N  W  E  K  B  V  H
N  U  P  C  N  U  T  A  A  U  O  S  J  F
G  V  A  Q  O  E  U  K  W  U  X  L  Q  N
L  P  M  C  R  O  M  J  G  S  G  I  M  R
E  B  B  T  T  E  K  H  V  R  I  H  I  N
Q  G  I  C  H  J  D  I  E  T  R  R  T  F
B  M  E  G  R  I  N  E  E  J  F  R  T  Y
E  D  E  K  P  W  N  D  X  W  I  P  E  Q
L  L  C  E  O  V  E  W  U  P  V  Z  N  B
L  G  C  C  L  J  O  Z  S  S  Y  X  S  W
S  P  I  N  E  U  T  R  E  E  K  S  Q  M
```

BOUGH	CAP	COOKIE
GREEN	JINGLE BELLS	MITTENS
NAUGHTY	NORTH POLE	PINE TREE
RED	TRIPS	WINTERTIME

1.Grab your phone

2.Scan a QR code

3.Download your gift

Printed in Great Britain
by Amazon

73172129R00038